Marius Hoffmann

Marius Hoffmann

Zurück ins Land
der Pfirsichblüte

Gedichte

Zurück ins Land der Pfirsichblüte

„Es müsste doch wahrhaftig ein Unglück sein, in der Weise
glücklich zu sein, dass das eigene Glück sich von
dem aller Anderen im Wesentlichen
unterschiede."

(S. Kierkegaard)

Im Heidegras

DÄMMERUNG

Es gibt
Eine Zeit

Die nicht
Mehr weiß

Wann
Sie war

Es ist
Nur der Wunsch

Der
Sonderbar

Sich wirklich
Fühlte

S A N D

Furcht vor
Dem Sand

Verdurstete
Erde

Auch so
Bleibt sie

Ein Feind
Den Menschen

GANGBAR ANDERS

Ein Traum
Der nie enttäuscht

Er malt die Welt
Der blauen Rose

Die nicht
Scheidet

Und nicht
Lässt

Was in ihr
Feste hätte

Gangbar anders
Innerhalb

NESSELN

Blumen die nesseln
Sind anders

Sie stehen
Oft abseits

Und wissen nicht
Dass sie bereits weh tun

Sieht man sie
Nur an

SCHWARZWEISS

Ich sah einmal
Ein Bild

Ein kleiner Junge
Blickte

Im Schwarzweiß
War alles blau

Jetzt scheint er
Grau in sich

Erinnerung
Dich lieben die Toten

UNANTASTBAR

Es gibt einen Schmerz
Der sich nicht mehr verliert

Ein Wort
Das gesprochen
Im Raum steht

Ähnlich ist er
Ihm unantastbar

LEBENSREIFE

Ich sehe

In den Augen

Nur

Vergangenheit

Sie ist

Verlust

Nicht

Lebensreife

Und

Vergessen

Der

Ersatz

Doch kann

Sie so

Förderlich

Sein

R E G E L

Wenn Gedanke
Leben wird

Erschafft er

Umgekehrter Fall
Heißt Regel

ERKANNT

Das letzte Wunder war
Dass es sich
In Abrede stellte

Natürlichkeit weiß
Dass sie kaum mehr
Erkannt wird

<u>F E R N</u>

Es gibt Menschen die
Wenn du sie lächeln siehst
Nicht wirklich sind

Fern der Tag
Wenn der Nacht
Das schon auffällt

S A T Z

Der Mensch
Macht die Liebe
Zur Illusion

Damit hat zugleich
Der letzte wichtige Satz
Sich schon geschrieben

<u>GESTUNDET</u>

Die Welt hat sich
Nicht verdient

Sie ist dabei
Gestundet zu treiben

THEOREM

Wenn jeder bekommt
Was er verdient

Gehört der Himmel
Den Tränen

UNSCHULD

Ich las einmal

Wir seien
Zu großen Gefühlen nur fähig
Solange wir jung sind

Das schrieb
Ein Kind

Und meinte
Die Unschuld

S A T Z

Wenn Gefühl
Nur Projektion

Und Wunsch
Der Vater des Gedankens

Bleibt der Satz
Zwar unvollständig

Doch sehr nah
Dem Paradies

ZWILLING

Schwester
Der Liebe

Sehnsucht
Nach ihr

Zwilling
Als Tausch

Und dir
Doch anders

AUSDRUCK

Liebe ist Ausdruck
Höchsten Menschseins

Gleichgültigkeit weiß
Warum sie hier sucht

HERRSCHER

Jugend und Liebe
Sind heimliche Herrscher

Jugend weiß
Zu werden

Liebe weiß
Zu sein

Und das ist auch
Was sie erkannt unterscheidet

GLEICHES

Die Liebe ist
Ein kleines Wunder

Und Wunder sind
Sehr selten

Sonst wären sie
Keine

HOLOGRAMM

Die Liebe lässt
Realität

Sie wirkt
Wie Hologramm

Das im
Dazwischen steht

So fern
Die greifbaren Wunder

FREMDER TUNNEL

Die Liebe ist
Ein fremder Tunnel

Lang so lang
Ganz ohne Sicht

Und wenn das Licht nicht weiß
Vom Ende her zumindest
Wie ein Luftzug sich zu geben

Wird es
Schwer

Und kaum wer
Vermag es

EISBLUMEN

Die Liebe lebt
Wie Tau im Realen

Eisblumen malen
Den Abglanz der Zeit

Frost
Wird Bindung

POSITION

Das wirklich Wahre
Lässt sich nicht
Beweisen

Wüsste ich
Die Position

Es wäre leicht
Weit weg
Sie zu umkreisen

K O R O N A

Problem
Der Energie

Gefühl
Ihm zu misstrau'n

Schreib nicht
Die Sonne

Schreib
Korona

W U N D E R K E R Z E N

Gedichte sind
Wie Wunderkerzen

Sie brennen schon
Wenn ich sie schreibe

Und nehmen dann
Auch ihren Lauf

IM TIEFEN

Wenn
Schwerelos
Ziel

Und
Lassen der Planke
Weg bedeuten

Hat Zeit
Nur Sinn
Die war

Im Tiefen
Stehen
Die Uhren

SCHACHSPIEL

Die Augen des Königs
Bekommen Glanz

Endlich zieht er
Doch er weicht nur aus

Er zieht wieder
Doch er schlägt einen Bauern

Spielt er
Nach anderen Regeln

<u>WERT</u>

Wert liegt
Im Versuch

Nicht im
Ergebnis

Saldieren
Kann jeder

IMMER

Das Meer siegt
Immer übers Land

Es kann sich
Bewegen

SEITE

Bist du so stark
Dass du niemanden brauchst

Es ist
Schon seltsam

Wenn du
Die wehrlose Seite

Nicht
Öffnest

F U N D

Wenn du Splitter
Aus dem Herzen ziehst

Muss deines auf
Der Wunde liegen

HELL AM TAG

Kinder
Sie vergessen schnell

Und sie vergessen
Hell am Tag
Wie Kinder waren

NIEMANDSLAND

Zwei Träume
Im Niemandsland

Wissen
Dass sie

Wenn sie sich
Begegnen

Werden
Können

Ohne Anspruch
Zu verletzen

Ein Fluss
Tränkt das Reh

Dort

STRUDEL

Fluss im Feld

Nicht Weizen
Und nicht Ufer

Und Bewegung
Die nur weit nur ahnt

Im Wasser
Eine Mohnenblüte

Drift
Fällt ein

Gedächtnis haftet

FEIGENBLATT

Preis der
Unverwundbarkeit

Die Zeit des
Abgetrennten Fernen

Auch dazwischen
Außerhalb

Und Ich in sich
Ganz auf Distanz

Ein rückgewandtes
Feigenblatt

HERBST

Was machst du
Wenn du gar nichts mehr
Vermisst

Und selbst das Wesentliche
Irrt dass es je
Da war

Zog vorbei
Und log sich wahr

Die Illusion
Des eigenen Gedankens

Zeit des Wankens
Unstreitbar

DAZWISCHEN

Zwischen den Zeilen
Spricht was du liest
In einer Sprache
Außerhalb

Worte sind
Erträglich

Du kennst
Sie

Und kannst
Sie

Missversteh'n

GEWÄCHSHAUS

Angenommen
Du gibst zu

Dass du
Verletzt bist

Fehlt dem Dach
Das Glas

BLAUE WASSER

Manchmal möchte ich
In Augen ertrinken

Spiel mit
Blauen Wassern

Wenn es nicht
So leicht wär

R O L L E N

Wieviele Rollen
Kannst du spielen

Ohne den Text
Zu vergessen

Der wirklich
Wert hat

SPIEGELSAAL

Das Einsame ist
Was es sich
Erträglich macht

Im Spiegelsaal
Bleibt dem Blick
Nur Täuschung

F I R N

Die Engel
Sind erfroren

Überall

Von wo
Sie kamen

Schneefall

Für J.

K L A M M

Wasser
In der Klamm

Drängt sich
An Felsen

Ohne das
Was Ufer war

Acht auf
Wurzeln

Und das Haar
Der stummen Weiden

KONTRAST

Es verlieren sich
Die Farben

Übrig bleibt
Allein Kontrast

Und fast
Zu deutlich

Silbennarben

SCHMELZWASSER

Ich spüre wie
Die Seele loslässt

Das ist
Nicht schlimm

Doch wenn sie nässt
Schon vor der Zeit

Geht sie
Verloren

Und Gott tränt
Ihr ungeboren

SCHRITTE

Schritte
Im Schnee

Sie
Bleiben

Und treiben
Voran

Den möglich
Verfolgten

Aus
Furcht

Und um nichts
Zu versäumen

Geht er
Verkehrt

Er
Schaut

Er
Zehrt

Und
Wehrt

Nur
Gespenster

MONDEN

Gibt es sein Kreisen
Ein letztes Mal

Abschied im Leisen
Gesichelt und fahl

Schwarzes Laub
Entblaut jede Ferne

Schweigend und taub
Entmondete Sterne

WIDERHAKEN

Schatten werfen

Verlust und Entfremdung

Langsam dunkeln

Nachtende Wege

Seltsame Unruh'

In zitternde Zeit

Und Plötzlichkeit

Des späten Entsetzens

Lauscht dem Tritt

An tückischer Biegung

Und die Pein

Im Schritt hakt sie ein

ZEUGWERG

Stet fällt Putz
Von kahlen Wänden

Unwegsam
Der Zweck von Händen
Die verfaltet
Nicht mehr blau'n

Tiefgefühl
Ganz hoch zu schau'n
Und Zeugwerg
Als Erlös zu ahnen

Letzter Wink
Der Wetterfahnen
Und im Mahnen
Kentert die Zeit

PAPPELN

Schwarze Pappeln
Zittern am Morgen

Im unteren Holz
Glänzt Silber ohne Glanz

Und Laut um Laut
Gekräuselte Blätter

Aus Furcht
Vor der Nacht

Sie bleibt
Nicht

KATZENMENSCHEN

Ungestillt die
Krallen im Fleisch

Nachdem sie taten
Was nicht darf

Und sein kann
Ohne Wandel

Ganz zum Tier
Das erst durch Tod

Wird wieder
Nur Schrecken

Ihresgleichen
Sehnt und findet

Die Heimat
Für sich

Im Preis
Der Verwandlung

DAS LETZTE ZEICHEN

Die Welt kommt
Sich abhanden

Lüfte schweigen
Unverstanden

Blumen zieh'n
Die Arme ein

Und als Letztes
Totes Schrei'n

Vom Kinderherzen
Ohne Seele

Blutgestürzt
Aus stummer Kehle

WERK DER SÜMPFE

Wann hat der Baum
Das Recht zu sterben

Sieht sich um
Und fühlt das Laub
Wie Scherben fall'n

Ringsherum
Die schwarzen Stümpfe
Und Morast

Das Werk der Sümpfe
Tau wird Last

FLEDERMÄUSE

Fledermäuse tiefenschwarz
Ein leerer Brunnen

Und das Lassen findet
An sich das
Was im Gefallen wird
Entschieden

Freude hoch in Wolken
Hütet Schäfchen

Und es
Trocknet dunkel
Stille
Gras

Der Grund so blass
Dann Biss bis in das Leben

WEG DER FRUCHTBARKEIT

Schau dem Jungen in die Augen
Als es noch leicht war

Wimpern säen die Schatten
Als unerreichbar
Manches Mal ihr Aufwärts hing

Selig ist
Was letztlich tränte

Und aller Schmerz
Der einsam sich wähnte
Ihn küsst der Weg der Fruchtbarkeit

Und zu der Zeit
Die ahnenden Herzen

MOMENT

Furcht des Zinnsoldaten
Vor dem Feuer

Fühlte Hitze
Die entsetzlich war

Wusste sich standhaft
Bis zum Moment
Der nächsten Augen

Glück aus Papier
Sogar mit dem blauen
Band über der Schulter

Armte
Weich

Flog
Gleich einer Elfe
Durch den Kamin

Blieb
Dort

WETTERFAHNEN

Kinder ahnen
Doch nicht sehr viele

Wetterfahnen
Sie weh'n im Spiele
Ernster als so mancher Greis
Sein Leben rückwärts
Noch einmal gestaltet

Halbmast wird Station
Die Hände ganz von unten faltet
Schon am Morgen zum Appell

Und wo ein Kind bleibt unbelogen
Dreht der Hahn sein Windgestell
Und voller Mast ward aufgezogen

UNGLEICH

Weiß kennt
Ideal als Kraft

Schwarz jedoch
Lebt Leidenschaft

Die Welt
Fällt dunkel

VERWINDUNG

Und tränend lächelt
Lunas Glanz

Er flicht den letzten
Lichten Kranz

Bevor das Fahle
Wird Verwindung

FLOSSGERECHTIGKEIT

Es ist nicht die Spielart des Bösen
Die den Menschen sich selbst entzweit

Lauernd am Sturzbach der Schwäche
Dort flößen die Worte gezwecktes Geleit
Präteritum für unterderhand zu erachten

Und infantil die Schergen sie lachten
Als Gutes sich passiv mit Treibholz verbaut
In reusender Häme hoch aufgestaut

SCHWARZE MADONNA

Die schwarze Madonna
Beschaut die Gemäuer
Der glimmenden Welt

Und Rauch der verwirkten
Glückseligkeit hält
Stillen Einzug

Bis sie die Hand
Auf die Brandigen
Legte

Für J.

SCHILFROHRBLÜTEN

Eine stille besänftigende Welt
Wo es kein Leid gab

Wetterzuflucht
Die so dem Reitstab
Schilfrohrblüten
Wies an die Tränke

Blut und Wasser
Fern dem Gezänke
Bilden Leben
Tief im Meer

Und als Geheimnis
Wie doch so sehr
Kein Rätsel
War

Da stummt ein Tränen
Und es ward klar

SABETH

Es gibt Saiten im Herzen
Die du nicht ungestraft
Anschlagen darfst

Denn das Ertragen jener Vibration
Der aufgeweckten Seelenstille
Zahlst du mit dem Schmerz
Der bald gebroch'nen Unschuld

Die im Duft von Sabeth
Ihre Blöße im Tumult
Der unbedachten Vorsicht
Allzu treulich offen
In das Faunbett legte

Nachmittag eines Fauns

Die Süße streckt die Fühler aus
Und Sonnentau glänzt auf den Halmen.

Irgendwo tropft von den Palmen
Jener Klang, der unerklärlich
Dich in Zauber hüllte.

Und das Herz, es fühlte wieder
Jenen Schmerz der Melodie,
Der in den Adern sich wie Circe
Um den Pulsschlag wand.

Und flinker Faun, er band den Tag
An seine krummen Beine,
Noch bevor dem Ohr
Das süße Gift so recht
Gewahr war.

Verhängnis

Du kannst das Schöne nicht seh'n
Und nicht leben im Schmerz.

Sie wird immer dasein,
Und gefangen dein Herz
Im Wissen, so zu handeln,
Dass Gefahr im Vollzug dich zerstört.

Eigentum, das dir noch gehört,
Hat bald entbunden wundendes Rot.

Und es schläft der werdende Tod
Mit jener Magie des Zugangs Gewalt,
Dem lockenden Vlies des Schoßes Gestalt,
Der Leichtigkeit der Nacktheit Begierde.

Verhängnis

Wer nur ist
Der Blick, der tötet.

Sie wird alles tun,
Und eingeschlossen ins
Gerötet In-ihr-Sanfte
Löst sich das,
Was du begehrst.

Stundenglas,
Das du entleerst,
Bleibt die Erfüllung
Ohne Wurzel.

Und gefangen
Unvergangen
Jede Regung
Eine Qual,
Im Überall
Der falschen Deutung.

Verhängnis

Du lebst in ihr
Und sie in dir.

Ein Korridor mit leeren Zimmern,
Keine Flucht vorbeizuseh'n
Und nicht zur Nacht dort hinzugeh'n,
Wo aufgepresst die Münder schweigen.

„Nein. Ich blute." Und der Reigen
Ritueller Depression
Verquert den Akt, der bald nun schon
Verzweifelt lebenswichtig und verfänglich
Alles Werden letztlich scheitert.

Schau, sie lächelt, winkt dir zu,
So geh mit ihr, wenn sie dich heitert
Und du lebst in diesen Sunden;
Trennzerstört vereint im Du,
Noch wird dein Herz in ihr umwunden.

Verhängnis

Symbol all dessen,
Was du solltest fürchten.

Emotion, nicht Anstand,
Wahres, nicht Gewahrtes,
Und, als es zum Lauf kam,
Anschein einer Ordnung,
Die du längst nicht mehr besitzt.

Sie lag ruhig, die Macht verborgen,
Liebgeschwitzt auf feuchter Seide,
Und im Zwielicht, dunkelgrün,
Dort suchen beide das Oliv
Vom Dämmern einer jungen Welt,

Die sie noch hält,
Sich zu entleben.

Verhängnis

Scheinbar frei und kontrollierbar,
Nah der Scham, wie sie ihm war.

Fährlich lose und so zahm
Berührt Gefahr Zeit in Erfüllung.

Tiefes Haar entbrennt der Kühlung
Kniend lächelnd ihren Mund.

Und auf dem Grund ein Unverlangen,
Als nur wund im Schoß gefangen.

Chimären der Angst

Sie säten ihr Ist-nicht
Und ernten ihr Ebenso.

Schwelendes Unlicht
Im jeglichen Irgendwo,
Allüberall als Mal
Des Vergessens.

Stumme Zeugen
Der Qual des Besessens,
Sie reihen sich ein
Im Zug der Zerstörung.

Nur wer zu klug war
Für solche Betörung,
Der atmet das Sein,
Wie Anfang es wollte.

Und jener Trug,
Schau hin, wie er tollte.

Seilhang

Frauen und Männer,
Groß und klein,
Liebten einander,
Doch wie Kain.

Sie wollten den Augenblick
Unverwundbar,
Und hielten ein Anders für
Unbekundbar.

Letztendlich blieb
Ein Unverweilen,
Und nur der Hang
In Ringers Seilen.

Verstoppte Uhren

Die Zukunft ist so schrecklich nah
Im Land ganz ohne Menschen.

Grau und blau
Die Mondgesichter,
Brechen, schwächen,
Werden Lichter,
Kalt wie Eis
Am Firmament

Gegenwart,
Die sich nicht kennt,
Verliert den Anspruch,
Wahr zu sein.

Und bald am Morgen
Ein Allein,
Als Totenschein
Verstoppter Uhren.

Nur Worte

Worte,

Liebe ohne Wahrheit,
Wahrheit ohne Leben,
Leben ohne Taten,
Taten ohne Liebe.

Welch ein Verlust!

Und der Teufel
Lacht noch dabei.

Verbotene Zone

Das Leben verbringen,
Details zu vergessen.

Elsternhaft messen
Gedanken die Räume aus,
Untat und Unrat
Ins Abseits zu stell'n.

Schweigend sie fäll'n
Das bedrängte Gefühl
Zur verbotenen Zone,
Wo nichts mehr es scheucht.

Doch Laub der Erinn'rung,
Es ist viel zu feucht,
Im verbleibenden Zwielicht
Geheilt zu verbrennen.

Und wieder fängt an
Das geschobene Rennen.

Kampflos

Liebe wird zur Illusion
Und war schon Traum,
Als kaum erwacht der Mensch
Sich für das Leben schürzte.

Vieles, was nun abwärts stürzte,
Lässt der Schnellen Heftigkeit
Das Oberwasser kampflos steh'n.

Und nur ein paar der Ufergräser,
Ja, sie seh'n im Tau noch weh'n
Das Flüstern aus der hohen Ferne,
Könnte-Doch als Ruf der Sterne.

Lilienfelder

Was bringt dich zurück ins Land
Der nichtverstand'nen Regenwälder.

Wässern lichter Lilienfelder
Trägt der Zeit noch ein paar Stunden.

Und es wird zum Vagabunden,
Rosentraum vom Lotusbaum.

Mal im Unerkannt

Was uns wirklich ausmacht,
Ist nicht greifbar.

Stundenlang versuchte ich,
Mit stummen Augen zu versteh'n,
Was Jahr für Jahr zu neuen Ufern
Seltsam eilend vorwärtstrieb.

Und letztlich blieb
Die Schuld des schuldlos Schuld'gen
Als ein Mal im Unerkannt.

Kuckuckspaar

Wo nur ist die Zeit geblieben,
Die so spielerisch
Den Tag getrieben hat
Von einem Mai zum andern.

Frohes Wandern mit den Hörnchen
Durch den Überfluss der scheinbar
Eingewohnten Häuslichkeit.

Horch, ein Kuckuckspaar, es schreit
Und legt sein Ei ins Nest,
Das für den Augenblick
Nur einmal unbewacht war.

Axiom

Warum kann der Regenbogen
Nur von außerhalb erschaubar sein.

Sieh das Schöne,
Und allein durch die Distanz
Wird Sehnsucht und Erfüllung
Lichten Diamanten gleichen

Und dem Herz Gefühltes reichen
Aus gewahrter Göttlichkeit.

Ruf des Schönen

Stille nährt Erkenntnis,
Und die Einsicht im Verständnis
Bindet Wahrheit an die Welt.

Hoch bleibt oft der Drang verstellt,
Dem Ruf des Schönen noch zu lauschen.

Nur wo sich die Stimmen tauschen,
Dort sind Weg und Ziel daheim,
Und tief in dir der Seele Reim.

Nereid

Am Meer, da scheint Vergänglichkeit
In Buhlschaft mit der flücht'gen Zeit
So schwerelos im Raum zu steh'n.

Es dünkt, als wär' das Doch-Vergeh'n
Verliebt ins wohl'ge Wellenrauschen,
Das dem Drang zum Sich-Belauschen
Jenes Flair des Ew'gen lieh.

Und auf der Gischt, da tanzte sie,
Der Nereiden Elfenschar;
Und alles, was noch sterblich war,
Erkannte die Schönheit
Und sah sich verwandeln.

Sternweiser

Mysterium,
Das Leben heißt.

Hier und Dort
Wird stets umkreist
Vom Allverstand
Des mächt'gen Schauens.

Im Geviert
Des nächt'gen Blauens
Leuchtet jedem
Seine Spur.

Und steht darauf
Das Eine nur,
Des Ideals
Freiwilligkeit,

So nimm dein Licht,
Und hell der Zeit.

Firstland

Der Sommer sieht zum Grund der Pfade
Letztbelohnend elfenhaft.

Dickicht schien, der Anwartschaft
Das Wagnis fühlsam zu verleiden.

Doch zur Freiwahl zwischen beiden
Nahm ich den, der einzeln war

Und durch das Jahr wie kaum betreten,
Stigmenschweif des Firstkometen.

Du sollst ein Segen sein

Du sollst ein Segen sein im Brand der Welt
Und legen alle Liebe Gottes
In ein Herz der tausend Wunder,
Das auch den erwartet, der noch nicht verstand,
Die Gnad' der Hand zu deuten,
Die der Herr ihm reichte durch das Du,
Das stumm bereit war,
Sich im Fang des Feuers
Zu verzehren.

Für M.

Rosenkranz

Das Leben hat nur so viel Sinn,
Wie du vermagst, den Hauch
Des göttlichen Entsprechens dorthin
In die Welt zu tragen, wo als Mensch
Du warst gedacht.

Der Flug der Stunden spürt die Nacht,
Die unabdingbar alles Streben
In Vergang'nes diesseits wendet.

Wo dereinst das Wachen endet,
Leuchtet nur das Ideal
Im welken Kranz der Seelenrosen,
Und was hat noch nicht geblüht,
Bleibt fern dem Licht als Staub verstoßen.

Gedankensplitter

Stille atmet
Leben in den Wald.

Und mit dem Aufwind
Zieh'n alsbald Gedanken
Durch das Haar der Felsengräser.

Alles war so sonderbar
Verwundert in der grünen
Einsamkeit.

Und siebter Schleiertanz,
Er tauscht die Zeit.

Gesonnte Berge

Die Sterne schau'n den Blumen zu,
Und Himmel fällt dir in das Herz
Im Innerwärts verschränkter Arme.

Enggeführt der beiden Du,
Als jungvermählt das Körperwarme
Südwind zur Empfängnis stob.

Und im Begängnis Feuchtes schob
Das Nass der Tränen zärtlich ein
Ins blonde Sein gesonnter Berge.

Herr der Gezeiten

Welch Weltgeheimnis liegt in dem,
Was Lächeln in uns wachsen lässt.

Wie ein Zwitschern aus dem Nest,
So nimmt es Weiden alle Trauer,
Und des Regens kalter Schauer
Wird zum Wunder der Natur.

Träumend folgt der blonden Spur
Ein süßer Duft der Zärtlichkeit,
Und als im Wald ein Vöglein schreit,
Da ist ein Sinnbild wahr geworden,
Und die Sonne steht im Norden.

Herr der Gezeiten

Wie schön ist's doch, zu zweit zu fliegen
Und die Zeit der hohen Stiegen
Unten in dem Tal zu seh'n.

Sonne zieht dich in ihr Herz
Und Lichter fluten himmelwärts
Ein Dreigestirn dorthin,
Wo Glaube, Hoffnung, Liebe sich in
Träumen selbst gebären.

Seelenfahrt mit blauen Fähren
In die Glut der Fraulichkeit,
Tränenglück im Duverweilen,
Schau gut hin, es will sich teilen.

Herr der Gezeiten

Leben leuchtet in den Raum,
Wo Susan zweisam jenen Traum
Vom wunden Herz ins Wachen führte.

Jedes Wort, das sie berührte,
Ward von Tränen aufgesogen
Und nun erstmals ungelogen
Ausgestellt der Schweigsamkeit.

Wie so anders malt die Zeit
Ihr Augenlicht in Liebesfarben,
Und der Schmerz beweinter Narben
Starb, als sich die Seele senkte,
Und das Du das Ich verschenkte.

Herr der Gezeiten

Zurück ins Land der Pfirsichblüte,
Wo die Röte voller Güte
Morgen ihren Atem leiht.

Seelenbad im Licht zu zweit
Verbindet sonnig Hier und Jetzt
Zum Augenblick der letzten Tränen.

Und kaum, dass die Herzen wähnen
Beider Puls in Harmonie,
Da fliegen sie und lieben sich fort.

Herr der Gezeiten

Abendrot, es senkt sich nieder,
Und der Wind, er küsst die Lider
Mit der Glut der Zweisamkeit.

Wunder der geliebten Zeit
Lässt Träume aus dem Schmerz ersteh'n,
Der in dem Glück fast ungescheh'n
Zur Mandelblüte gänzlich heilte.

Jeder Blick, der auf dir weilte,
Strich wie Lächeln durch dein Haar,
Und als ihr Herz dir fühlbar war,
Dann hört es sich das Eine sagen,
Und fängt an, dich heimzutragen.

Herr der Gezeiten

Nachts auf silbergrauen Straßen,
Wenn die Stadt vom Lärm verlassen
Stille wieder atmen lässt,
Da hält ein Paar sich liebend fest
Im Lichterspiel der Mondgezeiten.

Tränend tauschen Zärtlichkeiten
Beider Hände Worte aus,
Die in dem Schmerz den Wunsch hinaus
Zum jungen Frühling keimend drängte.

Und als sich im Kuss vermengte,
Was so warm in dir verblieb,
Ja, dann ward der Blütentrieb
Wie Hoffnung in das Fleisch gestoßen,
Und ins Herz der Duft der Rosen.

Herr der Gezeiten

Die Gabe in dir, Gefühle zu wecken
Und im Vertrau'n den Blick zu entdecken,
Der stumm sich verbarg im Strom der Gezeiten.

Langsam begann sich der Himmel zu weiten
Empor zu dem Stern, der wie dein Gesicht
In jedem Gedicht schon zwischen den Zeilen
So unnahbar da war.

Und zärtlich verführten sich Haar für Haar
Beider Gedanken zur glücklichsten Stund',
Die, als es geschah, den flüsternden Mund
Mit Küssen bedeckte und das wieder weckte,
Was fast schon vergaß, dein Atmen zu halten.

Herr der Gezeiten

Schwalben hat der Tag vermisst,
Als hoch er graut und tief sie fliegen;
Nur wo zwei zum Himmel stiegen,
Fällt im Herz des Stummen Leid,
Und aus dem Du die Zärtlichkeit.

Herr der Gezeiten

Glücksgestirnter Baldachin,
Er vollt den Mond zum nächt'gen Träumen;
Schau die Röte im Gesicht,
Sie tropft ins Blut und es wird schäumen.

Herr der Gezeiten

Doch ein Paar, das sich so liebte,
Tränt dem Schmerz des Lächelns Glanz,
Und in dem Glück der Herzen Tanz
Ergrünt ein Zweig in jungen Farben,
Als ein Blüh'n verbund'ner Narben.

Lara

Ein Lichtschein fällt durch matte Gläser
Auf den alten Sekretär,
Der einsam vor dem Fenster stand.

Ganz fiebrig ward die klamme Hand
Zum blondbestaubten Pult gezogen,
Und das Bild der Lara kam
Als frühlingsnaher Traum geflogen
In des Glücks Gedichtlichkeit.

Die Macht des Worts, sie zwang die Zeit
In unvergänglich frohe Stunden,
Und Umarmung zweier Seelen,
Hier ward sie im Reim verbunden.

Lara

Wie sich doch das Haus verwandelt,
Seit der Frühling in den Gängen war.

Alles scheint vom Elfenhaar
Der himmelblauen Glücksgefühle
Blond durchtränkt im Bann zu sein,
Der irgendwann die klamme Kühle
Aus den feuchten Räumen trieb.

Tränenglanz der Harmonie,
Er blieb ganz wie ein Lächeln
An dem Ort der Zweisamkeit,
Und in dem Duft der gold'nen Zeit
Hat Lara alle frohen Stunden
In dem Du zum Traum verbunden.

Lara

Flucht hinaus zum blonden Haar,
Zum Traumpoem der blauen Augen,
Und die Glut der Seligkeit
Taucht in den Raum der kurzen Zeit,
Die eng umschlungen sich vergaß.

Und Lara, sie besaß den Blick,
Der das Zurück
Unmöglich machte.

Lara

Sel'ge Unruh', und ein Ahnen
Regte sich im Kampf der Zeit,
Die weit davon entfernt war,
Jenes Glück als unantastbar zu erachten.

Doch die frohen Tage lachten
Noch aus dem Gesicht,
Und ein Gedicht, es rang,
Und zwang ihr Lächeln auf das Papier.

Weg durch Stoppelfelder

Weg durch Stoppelfelder
Zur Oase, wo sogar
Die Dornen keinen Stachel tragen.

Ort der Antwort aller Fragen,
Friedvoll werden Rosen ragen
In das Blau der Ewigkeit.

Sternenschnuppe

Sternenschnuppe fällt ins Meer
Und trägt einen Wunsch in entlegene Tiefen,
Wo im Traumes Zauberheer
Seepferdchen Geister der Wirklichkeit riefen.

Für A.

Spinnrad

Herbstfrost schneidet grauen Bäumen
Rauhreif in ihr Büßerkleid.

Eingefall'n in Schweigsamkeit
Beginnt das Glück vom grünen Träumen
Splitternackt und frei zu steh'n.

Und nur die Sterne, ja sie seh'n
Das Spiel der Zeit erneut gewonnen;
Was nicht Licht geworden ist,
Ward bei der Frist zur Nacht versponnen.

Zeit im November

Die Trauer der Rosen,
Sie ist so unendlich.

Kaum ein Versuch
Bleibt jetzt noch verständlich,
Das Wasser heran an
Die Wurzeln zu tragen.

Einzig allein
Die Dornen, sie ragen
Als Mahnmal gen Himmel,
Die wortlos sich dreh'n.

Und Sprache der Welt,
Sie lässt alles steh'n,
Was Gott lang verstand,
Im Reim zu beschreiben.

<u>Winterreise</u>

Glockenschelle
Eingehüllt in Eis,
Wegesschwelle
Festgefroren am Gleis.

Ein letzter Zug
Durchquert die weite Ferne,
Träumt den Flug
Zum Heimatort der Sterne.

Leben wendet
Sich der Stille zu,
Wachen endet
In der Sinne Ruh'.

Und schneeverstellt
Verdämmern Zeit und Raum,
Die müde Welt,
Sie hält und schwebt im Traum.

Gedenken

Langsam fällt der Schnee der Wälder,
Legt sich sanft auf jede Tann',
Wie verzaubert ruh'n die Felder,
Stille wandert himmelan.

Geisterhände haben leise
Letztes Grün mit Schlaf bedeckt,
Lebensdrang beschließt die Reise,
Nichts mehr wird vom Tag geweckt.

Und ein Hauch weht von den Bäumen
Bis ins Herz der weißen Welt,
Welch ein Schaudern, welch ein Träumen!
Wie so nah das Himmelszelt!

Hoch von oben tönt ein Klingen
Von dem Sang der Engelsfeen,
Lebt der Klang in allen Dingen,
Wird der Mensch den Traum versteh'n.

Kerzenlicht

Zierlich brennt ein Kerzenlicht,
Zehrt vom Tau erglühter Tropfen,
Flammenspiel verklärt die Sicht,
Froh beginnt's im Herz zu klopfen.

Wie erlöst aus tiefem Schlummer
Schweift ein Lächeln durch den Raum,
Streichelt sanft die kleinen Kummer,
Alles scheint in süßem Traum.

Und Erinn'rung zieht entlang
Dem Schattenkleid der Lichterbogen,
Sinnen macht sich auf den Gang,
Bezaubert weh'n Gedankenwogen.

Still entbrennt das Wachs die Zeit,
Die Wunder in dein Herz versenkte,
Und die Liebe ist nicht weit,
Die einst die Kerze dir verschenkte.

Weihnacht

Es weht ein Sinnen durch den Raum
Und schmiegt sich schweigend um den Baum,
Der hell im Sternenlicht erglühte.

Vieles, was beschwert sich mühte,
Findet hier zur inn'ren Ruh',
Die in dem kleinen, heil'gen Du
So lächelnd ihren Anfang nahm.

Und zu dem müden Denken kam
Ein Hauch der stillen Seligkeit,
Als in dem Frost der wehen Zeit
Ein Wunder sich ans Fenster stahl,
Das Christusbild als Eiskristall.

Geheimnis der Stunden

Schneeflöckchen schneit aus den wolkenen Himmeln
Die Ruh' der entschlaf'nen Erinnerlichkeit
Und deckt so den Pendel der flüchtigen Zeit
Mit zauberhaft wehendem Seidenkleid zu.

Selige Stille sinkt lächelnd hinab
In die Welt der so zärtlich umhüllten Sekunden,
Und plötzlich, da scheint das Geheimnis der Stunden
Im Frieden der Herzen so einfach gefunden.

Glut

Schneeverhang'ne
Traumeszeit.

Sie schürt die Glut,
Und glüht so weit.

Frühling

Aus des Bodens schwerer Erden
Sprießt ein Blütenkeim hervor,
Faun erweckt ein neues Werden,
Frühling schließt das Wintertor.

Erster Regen netzt die Sprossen,
Tropft wie Balsam auf die Wund',
Eisestränen sind verflossen,
Alles spürt die jüngste Stund'.

Und der Blick hinauf ins Weite
Scheint dem Keim so wunderbar,
Zauber spannt die Bogensaite,
Lautlos fällt ein Engelshaar.

Welch Verwandlung in den Dingen
Aus des Sehnens Innigkeit,
Frühlingsklang im Vogelsingen,
O du traumesgleiche Zeit!

Lemma

Der Geist ist
Die Kraft zur Erkenntnis;

Die Seele
Der Schlüssel dazu.

Abendsonne

Bilder eines Sich-Versenkens
In des Abends Konterfei.

Augenblick des Sinnenlenkens
Durch der Prismen Spielerei,
Die Ausdruck malte in der Stund'.

Glühend legt sich auf dem Rund
Das Wolkenlicht hoch zum Gebet.

Und als die Welt in Flammen steht,
Wird letzter Sinn so warm empfunden,
Und Idyll aus Gott entbunden.

Abendgedanken

Die Nacht streckt ihre Schatten aus
In purpur angerührter Stille,
Und dem lauschend Wachen ist,
Als küsste lustgenährte Kühle
Tröstlichkeit ins Ungemach.

Heimelnd lässt sich nach und nach
Die Dämm'rung in ein Träumen sinken,
Und im hochgestirnten Blinken
Findet Drang zur Produktion
Als Frongehalt Gestaltlichkeit,

In Dichters Kleid
Das sagbar Schöne.

Polarnacht

Ein Hauch vom Ew'gen liegt in der Nacht,
Und in den Bäumen spürst du die Macht
Der lautlos eingefall'nen Stille.

Alle Hast ist sterblich geworden,
Und ein Licht im dämmernden Norden
Hüllt die Welt in Schweigsamkeit,
Die aus der Zeit den Pendelschlag nahm.

So vertraut kam dir
Des Mondes weißer Duft entgegen,
Und im Schein vom sternenen Regen
Hält die Luft den Atem an,
Als sie begann, den Sandmann zu schau'n.

Großer Bär

Ein Geheimnis
In den Sternen.

Schau den Streif des Erdenfernen
Aufersteh'n am Firmament,
Das in dem Bild, das jeder kennt,
Als Großer Bär sich zeitlos malte.

Nur wer mit der Seele zahlte,
Weiß vom Tiefen jener Welt,
Die still etwas vor Augen hält,
Was dir verbleibt an allen Wegen,
Göttlichkeit als Sternensegen.

Schmetterling

Schmetterling tanzt in der schwelgenden Süße
Aus Morgentau glänzend entsteigendem Duft.

Sonnenlicht badet die flimmernde Luft
In verzückendem Blick nach dem Blüh'n der Natur,
Die im Keim schon die Spur des entschlaf'nen Erwachens
So wunderbar hegte.

Und in des Falters Herz regte sich Sehnsucht,
Der Wächter für all dieses Leben zu sein,
Und er küsst nun Blüte um Blüte im Schein
Solch verzaubernder Weiten.

Silberstreif

So viel Zärtlichkeit,
Wie du nur hast.

Leg die Last des Selbstverlor'nen
In den Fang der beiden Arme,
Der so lang das Körperwarme
Weiß, dem Augenlicht zu geben.

Silberstreif im inn'ren Leben
Sonnt dem Blick des andern Schein,
Und als Geschenk für dich allein
Das junge Glück verbund'ner Herzen.

Antwort

Schau doch in den Blick der Menschen,
Die so einfach ihre Arbeit tun
Und wollen nichts vom Grund der Sterne.

Schweres Gold mag ja so gerne
Immer in den Felsen ruh'n,
Wo nur ein Tropfen der Zisterne
Jener unbewußten Einfachheit
Zum Stein der weisen Seligkeit
Es wunderbar verwandeln kann.

Maß der Poesie

Liebe lebt so fern
Von Zeit und Ort.

Nur dort erwirkt ein Lächeln,
Dass das Luftschloss seine Form
Für immer in den Wolken hält.

Und siebter Himmel zählt die Stunden
Nach dem Maß der Poesie.

Weit

Man braucht erstaunlich
Wenig Zeit,

Sich aus der Welt
Zurückzuzieh'n.

Und ohne sie
So weit die Räume.

Im Einschlummern

Ankerplatz am Weltidyll,
Nichts entführt das Stillgefühl
Vom Tränenhort des Unversehrten.

Lösend sinkt im Nieverwehrten
Nachtgebet zur stummen Ruh'.

Träum denn hin,
Und hör dir zu.

Inhalt

Weitere Gedichte:

Sonnenuntergang auf blondem Hügel
144 Seiten
ISBN 978-3-89811-044-0
Hardcover ISBN 978-3-7357-7565-8

‚Von Bergen fließen Wasser
Weit über die Ufer
Mit dir hinein in ein
So blaues Umarmen'

Zurück ins Land der Pfirsichblüte
140 Seiten
ISBN 978-3-89811-602-2
Hardcover ISBN 978-3-7357-7749-2

‚Jeder Blick, der auf dir weilte,
Strich wie Lächeln durch dein Haar,
Und als ihr Herz dir fühlbar war,
Dann hört es sich das Eine sagen,
Und fängt an, dich heimzutragen.'

Im Blau der Saphire
152 Seiten
ISBN 978-3-8311-2040-6
Hardcover ISBN 978-3-7357-7459-0

‚Weil Du längst weißt
Dass sie einäugig ist

Lässt Du der Schlange
Den Vorteil der Nacht

Im blutwarmen
Wasser'

Honigfalle
156 Seiten
ISBN 978-3-8334-1260-8
Hardcover ISBN 978-3-7357-7534-4

‚Keiner
Weiß

Ob die Fliege
Am Fänger

Weg
Wollte'

Schmetterlingseffekt
160 Seiten
ISBN 978-3-8334-3109-8
Hardcover ISBN 978-3-7357-7535-1

‚Solltest
Du auf

Schmetterlinge
Hören die

Versehrt
Sind'

Lotgänge
176 Seiten
ISBN 978-3-8334-4677-1
Hardcover ISBN 978-3-7357-7543-6

‚Es
Ist vertan die
Ameisen nach dem
Verdienst zu
Fragen'

Blaualgenblüte
200 Seiten
ISBN 978-3-8334-9242-6
Hardcover ISBN 978-3-7357-7741-6

‚Im
Schimmer
Der Blaualgenblüte
Fallen die Schatten der
Weiden nicht tief ins
Verwunschene
Wasser'

Deichspiele
204 Seiten
ISBN 978-3-8370-0126-6
Hardcover ISBN 978-3-7357-7743-0

‚Wie weit
Kannst du den
Wasserrosen
Folgen'

Der Sprung der Delphine
244 Seiten
ISBN 978-3-8370-9707-8
Hardcover ISBN 978-3-7357-7465-1

‚Noch im Vergessen
Ihn vergessen zu haben
Fehlt dir der Schlüssel
Zu ihrem Geheimnis'

Im Echo der Finken
268 Seiten
ISBN 978-3-8423-5852-2
Hardcover ISBN 978-3-7357-6313-6

‚Glaubst du
Dass es die Liebenden
Nicht sähen falls man sich
Mt ihnen keine Mühe
Mehr gäbe'

Wasserläufer
416 Seiten
ISBN 978-3-8482-0495-3
Hardcover ISBN 978-3-7357-6238-2

‚Bambus
Folgt ihm noch
Schwanger gegen den
Rat sich windstill
Zu lieben'

Das Glück des Orangenmädchens
484 Seiten
ISBN 978-3-7357-4191-2
Hardcover ISBN 978-3-7357-6170-5

‚Selbst
Wenn es
Dich bittet
Wirst du
Es tun'

Kompositionen für Klavier:

Klaviermusik Vol. 1, CD
SKW-86211 (51:29)

(Marius Hoffmann:

1.   Clair de lune
2.   Nocturne
3.   Albumblatt
4.   Image
5.   Étude-Tableau
6.   Wiegenlied
7.   Poème
8.   Poème
9.   Angela
10. Prélude d-moll
11. Vision
12. Nachtstück
13. Poem in fis
14. Poème extatique
15. Poem in e
16. Poème-Nocturne)

Klaviermusik Vol. 2, CD
SKW-86212 (58:02)

(Marius Hoffmann:

1.   Dreamings
2.   Romanze
3.   Poème voilé
4.   Poème enchanté
5.   Méditation sur le nom de Bach
6.   Kaleidoskop
7.   Hommage à Scriabine
8.   Poème fantasque
9.   Valse
10. Poème énigmatique
11. Poème
12. Poème rêvé
13. Poème envolé

14. Enigma
15. Vision noctuelle
16. Boîte à musique
17. Lutin
18. Moustique)

Klaviermusik Vol. 3, CD
SKW-86259 (52:05)

(Alexander Skrjabin: ‚Moments intimes'

1. Poème, op. 32,1
2. Étude, op. 42,4
3. Fragilité, op. 51,1
4. Étude, op. 65,2
5. Poème, op. 69,1
6. Poème, op. 52,1
7. Rêverie, op. 49,3
8. Désir, op. 57,1
9. Poème, op. 59,1
10. Poème fantasque, op. 45,2
11. Caresse dansée, op. 57,2
12. Poème languide, op. 52,3
13. Prélude, op. 48,2
14. Feuillet d'Album, op. 45,1

Marius Hoffmann:

15. Poème mélancolique
16. Étude-Caprice
17. Danse grotesque
18. Impromptu
19. Conte)

Email: Marius.Hoffmann@gmx.de